AF338899

NOEL

LÉPREUX DE JÉRUSALEM

ET

LES ORPHELINS DE BETHLÉEM

PAR

Frédéric CHRISTOL

PARIS

SOCIÉTÉ DES ÉCOLES DU DIMANCHE

A L'AGENCE, 16, RUE DE L'ABBAYE

1879

NOEL

LÉPREUX DE JÉRUSALEM

Il n'est pas de voyageur venant de Jaffa et allant à Jérusalem, qui, arrivé au petit village de Lifta près de la ville, ne lance tout ému son cheval au galop et ne dise ou ne pense à peu près ce qu'écrivait, vers 970 Samuel Bar-Scinson : « A ce moment notre tendresse fut excitée et nous pleurâmes de « grands pleurs, moi et le Cohen de Lunel, »

D'autres voyageurs écrivent dans leur récit en grosses lettres, avec plusieurs points d'exclamation : « Jérusalem! Jérusalem!! » C'est l'écho des paroles du Psalmiste : « Nos pieds « se sont arrêtés dans tes portes, ô Jérusa- « lem! »

Nous aussi nous étions émus; nous aussi nous lançâmes nos chevaux au galop, et nous nous répétions à la vue des premières maisons de la

ville : « Jamais nous n'avons été si près de
« Jérusalem ! »

Débarqués à Jaffa, impatients d'arriver à la
ville Sainte, « El-Kouds, » nous étions partis
à cheval. On nous offrait divers véhicules : un
char. à bancs pouvant nous conduire en dix
heures à Jérusalem, mais la prophétie : « les
chemins raboteux seront aplanis, » est loin
d'être accomplie en Palestine ; il y avait aussi
des mulets munis de cacolets ou portant une
chaise du modèle de celles d'une petite bour-
geoise du siècle dernier ; nous pouvions aussi
aller à dos de chameau, mais il fallait trois
jours ! Restaient les chevaux, et, après l'émo-
tion d'un premier début, nous reconnûmes que
« *le cheval est sans contredit la plus noble con-
quête de l'homme.* » Les chevaux syriens qui
font le trajet de Jaffa à Jérusalem, habitués à
porter de mauvais cavaliers, furent pleins de
condescendance envers nous. Après avoir vu
disparaître les dernières maisons de Jaffa, nous
traversons un magnifique bois d'orangers,
de citronniers, de bananiers, qui font, avec
la plaine de Saron nue et déserte, un étrange
contraste. Puis, pendant quelques heures, nous
franchissons les montagnes arides de Juda ;
nous traversons Kirjath-Jéharim, situé encore
sur la colline (I Sam., vi, 1), et vers le soir,
au milieu d'un paysage désolé, commentaire

frappant de cette parole d'Ezéchiel : « L'Eternel a abandonné le pays (ix, 9), » paysage sans broussailles ni brin d'herbe, on aperçoit les silhouettes bleu-rosées des montagnes de Moab, à gauche le petit village arabe situé sur le Mont des Oliviers! et devant nous, une colline nous cachant encore Jérusalem. Enfin, dépassant l'orphelinat des diaconesses Talitha-Koumi et laissant à gauche les constructions russes, nous nous trouvons en face de grands murs gris et nous pouvons dire : « *Salve Jerusalem, civitas regis magni!* » comme frère Faber qui nous devança ici au xiie siècle.

Bien des voyageurs se trouvent déçus en apercevant Jérusalem, et cependant, en voyant la désolation, écoutant le silence qui règne autour des murs de la cité, on comprend que la dernière voix qui se soit fait entendre ici ait dû être celle de Jésus pleurant et disant : « Jérusalem! Jérusalem (Matth., xxiii, 37)! »

. . . .

En arrivant à Jérusalem par la porte Bab-El-Khalil, le cœur plein des émotions de la joie et de la reconnaissance, on est bientôt attristé à la vue de plusieurs indigènes assis par terre qui vous crient d'un ton monotone et plaintif : « Allah yatik, Kaouadjà! » « Dieu vous bénisse, Seigneur! » Ceux qui parlent de la sorte tendent aux passants des mains qui

n'ont plus de doigts, leur figure est boursouf-
flée et tachée d'une façon horrible, quelques-
uns n'ont pas de nez, d'autres pas d'yeux, la
maladie les ayant rongés... Ce sont des lépreux.

Aussi la salutation qu'ils adressent à ceux
qui entrent dans la ville, fait-elle dans l'âme
une impression profonde ; elle est comme le
symbole de l'état actuel du pays, et comme
l'écho de ces voix qui retentissaient il y a
dix-huit siècles autour de Celui qui console.
Quels sentiments de reconnaissance ces ac-
cents n'éveillent-ils pas en nous, en nous qui,
si misérables que nous soyons, avons tant reçu
de Dieu ! Il y a parmi nous beaucoup de misères, de maladies, de chagrins, mais rien n'est
comparable au sort de ces lépreux vivant sans
but, sans consolation, sans connaître même
le nom de Celui qui seul entendait les prières
de leurs devanciers et qui pourrait encore
exaucer les leurs !... Rongés par une maladie
horrible, ils crient à tout passant et redisent
sans cesse : « Allah yatik, Kaouadjà. » Que
Dieu vous bénisse, Seigneur !

C'est depuis quelques années seulement que
les lépreux ont une maison à eux. Aupara-
vant ils vivaient dans de misérables cahutes
appuyées aux murs de Sion, près de la porte du
même nom. Le pacha actuel, qui passe pour

l'un des meilleurs de l'empire, leur a fait construire, dans un esprit de charité ou peut-être pour les éloigner de la ville, une maison située à une demi-heure de la porte de Sion et placée près de la fontaine d'En-Roguel, à l'entrée du torrent du Cédron. Mais la maison n'est pas bien grande, vu le nombre des habitants, elle est mal tenue ; car naturellement ces lépreux ne sont pas habiles à faire leur ménage, auquel ils tiennent du reste fort peu. Aussi est-ce avec joie que nous fîmes connaissance de la léproserie chrétienne et de M. et Mme Tappe, vrai père et vraie mère de leurs pauvres et informes pensionnaires.

Cette œuvre, à laquelle M. et Mme Gobat s'intéressaient beaucoup, a commencé petitement par le don que fit une dame charitable touchée à la vue de ces malheureux si misérablement logés. M. Tappe, missionnaire morave, est à Jérusalem depuis onze ans ; il est resté treize ans au Labrador, et l'a quitté à cause de la santé de sa femme. Ils font l'un et l'autre du bien à voir et à entendre ; car ce sont des ouvriers fidèles qui persévèrent dans une œuvre qui a peu d'encouragement, car, nous disait M. Tappe : « Dans une maison de com-
« merce quelconque, si petite soit-elle, à la fin
« de l'année on dresse son bilan et l'on constate
« ses pertes et ses gains ; ici nous n'arrivons

« pas à l'âme, nous ne savons rien de ce qui
« se passe en elle. Les malades restent ou
« s'en vont sans nous rien témoigner du bien
« qui peut avoir été fait à leurs âmes ; le
« bilan est là haut. »

La léproserie est située en dehors de la
ville, sur le chemin qui conduit à Saint-Jean-de-
la-Montagne (Aïn Karim), près de la grande
piscine de Mamillia.

Il y avait au mois d'avril dernier dix-neuf
malades dans la maison. Quelques-uns sont là
depuis le commencement de l'œuvre, logés
dans de grandes chambres bien aérées, jouis-
sant de la liberté de se promener dans un
grand jardin, chose rare à Jérusalem, et de
la faculté de rester, selon la mode orientale,
sur les toits des constructions de la léproserie.

Quelques-uns travaillent un peu, apprennent
à lire grâce aux soins d'un jeune Arabe, font
leurs chambres et, les plus vigoureux, la
lessive. Quel travail peut-on demander à des
créatures ayant deux mains estropiées, les pieds
contournés ? La maladie ne les fait pas constam-
ment souffrir ; on ne se rend pas encore bien
compte de la nature de leur mal et l'on ne
sait pas au juste que faire pour eux. Il semble
même que cette maladie n'ait pas les mêmes
caractères que la lèpre du temps de Jésus. Elle
est moins contagieuse ; il nous est arrivé quel-

quefois de serrer la main de ces infortunés, dont les yeux se remplissaient des larmes de la reconnaissance.

La maladie ne commence chez les enfants que vers l'âge de douze ans; aussi est-on pris d'une poignante tristesse en voyant, dans les familles de lépreux, des enfants riant et jouant et ayant en perspective cette terrible maladie qui doit inévitablement les atteindre. Si les hommes ne peuvent rien pour le corps et l'âme de ceux qui viennent de nous occuper, nous pouvons quelque chose par la prière, la prière persévérante qui obtient toutes choses, cette prière par laquelle Dieu s'est obligé pour ainsi dire à nous exaucer: « Tout ce que vous me demanderez à mon Père en mon nom, il vous le donnera (Jean, xvi, 23). »

Demandons à Dieu de bénir cette œuvre que notre frère et notre sœur en Jésus-Christ poursuivent depuis tant d'années; demandons à Dieu que toutes ces âmes, que rien en apparence n'a pu encore faire vibrer, sachent qu'elles sont invitées au festin de noces dans la nouvelle Jérusalem, et qu'il nous soit donné d'être assis à la même table, revêtus, ainsi que ces déshérités de la terre, d'une robe blanche lavée dans le sang de l'Agneau.

Nous nous souviendrons toute notre vie de l'arbre de Noël, auquel M. Tappe nous convia pour la prière de l'avant-veille de Noël 1878.

Après avoir attendu les différents invités, on nous fit gravir un étroit escalier ; puis nous entrâmes dans la chambre où était l'arbre, placé sur une table couverte d'une nappe, autour de laquelle étaient assis à gauche les lépreuses, à droite les lépreux, très-proprement vêtus. Ils récitèrent d'abord le cantique qui commença à être entonné dans la plaine de Bethléem par l'ange apparaissent aux bergers, et que continueront jusqu'à la fin des temps tous ceux qui attendent la consolation d'Israël (Luc, ii, 25). « Gloire soit à Dieu au plus haut des cieux, paix sur la terre, bonne volonté envers les hommes ! »

C'est les larmes aux yeux que nous les entendîmes entonner en langue arabe un cantique sur l'air très-connu : « Qu'aujourd'hui toute la terre s'égaie au nom du Seigneur. » Jamais ce chant ne nous avait paru aussi beau que dans cette chambre, sans orgue ni vitraux, où étaient assemblées des âmes unies pour louer Dieu en commun.

Nos pauvres amis avaient chacun devant soi une assiette de fer battu pleine de petits gâteaux de Noël, une orange et un mouchoir ; à côté des assiettes brillait une chandelle allumée, fixée dans un petit morceau de bois.

C'était émouvant de les voir quitter l'un après l'autre cette table, s'en aller tenant d'une main leurs cadeaux, de l'autre leur chandelle, nous regarder en passant, nous saluer d'un air reconnaissant et mélancolique et nous dire : « Kata errak, Kaouadjà... » Merci, seigneur. « Il n'est pas possible ni juste, dit un « rapport anglais au sujet de la léproserie, de « cacher les travaux de charité accomplis par « les saints pour l'amour de Christ ; de tels « travaux, quand on en parle, sont faits pour « glorifier Notre Père qui est aux cieux. »

LES ORPHELINS DE BÉTHLÉEM

Bethléem est à une heure et demie de Jérusalem ; on y arrive par la plaine des Géants ou Rephaïm, à l'extrémité de laquelle on laisse, à droite, le tombeau de Rachel et la route d'Hébron. Il semble encore que la nature crie depuis des siècles : Qu'avez-vous fait du roi de Bethléem? comme disait Mireille, de Mistral. Cependant, dans cette petite ville de Juda, il y a plus de travail, d'instruction et moins de mendiants que partout ailleurs dans le pays.
— C'est avec une grande joie que nous nous y rendîmes le 24 décembre 1878. M. Müler, qui est à Bethléem depuis trente ans environ, nous reçut chez lui avec une hospitalité qui

nous fit le plus grand bien. Il y a dans la maison une vingtaine d'orphelins, filles et gar-
çons, qui contribuèrent à nous réjouir à leur
façon. C'était plaisir à les voir jouer pendant
leur récréation, faire chacun sa part des travaux de la maison avec un entrain que nous
ne connaissions guère aux indigènes. Après le
dîner, nous entrâmes dans une grande chambre
où était l'arbre de Noël. Les enfants étaient
rangés en cercle, en aussi grande tenue que
faire se pouvait, éblouis des richesses étalées
devant eux et impatients d'arriver au moment
psychologique. Ils chantèrent quelques can-
tiques, racontèrent la naissance de Jésus;
puis ils reçurent tous une assiettée de petits
gâteaux, qui leur fit bien plus plaisir que le
reste; quant à leur nouvelle paire de souliers,
ils semblèrent la regarder avec un grand dé-
dain. Les filles reçurent des poupées, les gar-
çons des ballons et des livres d'images. Dans
le fond de la chambre, on voyait un grand
ange peint, et au-dessus, dans les trois lan-
gues, — arabe, allemand et français, —
« Gloire soit à Dieu, au plus haut des cieux! »
Nous nous rendîmes ensuite à l'Église de la
Nativité et dans la grotte de ce nom. Là, nous
vîmes une étoile en cuivre doré clouée sur le
sol, et tout autour ces mots : « Ici est né
Jésus de la Vierge Marie! » Dans cette grotte

se tient toujours un soldat turc, qui y monte
la garde. De tous côtés sont suspendues des
lampes appartenant au rite grec, au rite latin,
arménien, « pour rappeler que la grande lumière a lui pour ceux qui marchaient dans le
pays de l'ombre de la mort. » (Es.. ix, 1.)

Dans la partie de l'Église qui appartient aux
Latins étaient installés et assis par terre des
centaines d'indigènes. Vers minuit, parut un
grand personnage qui honorait la fête de sa
présence ; il était en grand uniforme, précédé
de quatre cavass, ou gardes d'honneur, splen-
didement habillés, munis d'énormes cannes à
pommeau d'argent ; ils frappaient ensemble
sur les dalles de l'antique basilique, et faisaient
reculer d'effroi et d'admiration la foule qui se
trouvait sur leur passage. Bientôt après paru-
rent de nouveaux cavass, suivis du patriarche
latin de Jérusalem qui présidait la fête. Il
avait sur la tête une énorme tiare chargée
d'ornements d'or, d'argent et de pierres de
toutes couleurs ; il était couvert d'un grand
manteau où l'or aussi « se relevait en bosse »,
et dans ses bras il portait une corbeille conte-
nant une poupée en cire, qui représentait l'Em-
manuel ! Un vieux chroniqueur dit : « C'est ici
« où li anges nonça aus pastour la nativité de
« Nostre Signour, là fut chanté primièrement
« *Gloria in excelsis Deo!* » En sortant de la

basilique, les étoiles scintillaient au ciel et
nous remplissaient de joie, nous apportant
comme un écho du premier chant des Anges :
« Je vous annonce une grande joie qui sera
« pour tout le peuple, c'est qu'aujourd'hui,
« dans la cité de David, le Sauveur, qui est le
« Christ, le Seigneur vous est né. »

Mon ami Christol insiste pour que je fasse précéder les pages qu'on a lues de quelques mots d'introduction. Moi, qui n'ai point été en Terre Sainte, comme lui, et qui ne suis pas un « hadji » chrétien, comme notre frère, j'aime mieux le remercier simplement des intéressants récits qu'il nous a donnés, et, pensant aux lépreux de Jérusalem et à la fête qu'ils célèbrent comme nous, joindre ma voix à la leur, pour répéter : Grâce soit à Dieu de son don ineffable! puis envoyer à ces pauvres déshérités de Sion et de Bethléem et surtout à ceux qui les entourent des soins d'une si tendre charité, un mot de sympathie et d'amour! Ce dont les lecteurs nous sauront plus gré encore, c'est de leur communiquer l'une des dernières lettres du digne frère Tappe, écrite en date du 14 octobre 1879.

C'est dans le sentiment d'une profonde reconnaissance, que je prends la plume pour
t'accuser réception de ta bonne lettre et des
500 francs qu'elle contenait. Nos amis ne se
fatiguent pas de penser à nous ! Cela nous con-
fond et nous encourage tout à la fois. Veuille
le Seigneur être lui-même leur très-grande
récompense.

Ici comme partout, et je crois pouvoir dire
plus que partout ailleurs, les temps sont mauvais. L'injustice et la violence règnent dans ce
pays, des meurtres se commettent même sur
la route très-fréquentée de Jaffa, le prix des
vivres a triplé. L'Européen doit se soumettre
aux sentences souvent iniques d'une cour de
justice toute turque ; bref, la foi seule au Seigneur fidèle et puissant nous soutient et nous
préserve de perdre courage. Mais laissons
cela ; parlons plutôt de notre asile et de nos
malades. Ceux-ci ont aussi leur mauvais jours,
surtout les plus âgés d'entre eux. Tantôt c'est
une plaie qui s'ouvre, ce qui occasionne d'or-

dinaire de la fièvre; tantôt des douleurs d'yeux
se produisent et font cruellement souffrir. Quel
bienfait quand arrive la fin et qu'une de ces
misérables existences s'éteint après sa longue
agonie! C'est le cas pour une femme qui est
morte dernièrement. Après des années de
souffrance et de faiblesse quelquefois extrêmes,
ne pouvant plus prononcer un seul mot à haute
voix, ni même avaler une nourriture suffi-
sante, complétement amaigrie, notre pauvre
Chesne s'est enfin endormie le 6 octobre. Un
rayon de lumière céleste s'est répandu, au
dernier moment, sur sa figure si horriblement
mutilée par la maladie. Lorsque, peu d'ins-
tants avant sa mort, une jeune fille qui, quoique lépreuse elle-même, la veillait avec beaucoup de fidélité, lui demanda : Chesne, veux-tu
boire? la malade lui répondit : « Laisse-moi,
je suis bien. » Oh! combien nous désirons
qu'elle soit « bien » à jamais et que Jésus l'ait
sauvée par grâce!

Le 7 juin s'est présentée une femme avec
un enfant de trois mois, que nous avons re-
cueillis l'un et l'autre. Il est vrai que nous ne
pouvons pas, au fond, nous charger d'élever
des enfants, ce qui compliquerait considéra-
blement notre tâche; mais que faire? Renvoyer
le pauvre petit, c'eût été le livrer à une mort
certaine. Une inflammation violente des amyg-

dales, qui n'a pas tardé à se déclarer, nous a prouvé, du reste, que l'enfant porte déjà en lui-même le germe de la terrible maladie, triste héritage de sa mère !

Un peu plus tard, un de nos hommes nous a quittés, après avoir été trois fois, dans notre maison, sur le seuil de l'éternité. Pendant mon absence en Europe, il s'était évadé avec deux de ses compagnons de souffrance ; mais, n'ayant pas d'argent pour acheter une place parmi les lépreux de Siloé, trouvant peut-être aussi la liberté moins agréable qu'il ne se l'était imaginé, il était revenu nous supplier de le reprendre. Cette fois, le voilà parti pour toujours, sous le prétexte d'avoir été rappelé à la maison à cause d'un deuil de famille. — Quinze jours plus tard, on nous amenait une jeune femme de l'autre côté du Jourdain. Elle est Bédouine et n'a jamais habité dans une maison, ni dormi dans un lit, mais elle a grandi au milieu des chèvres, des moutons et des chameaux de sa tribu. Nous lui préparons un bain et l'habillons à neuf, mais elle se trouve toute dépaysée chez nous. Tout est nouveau, la fourchette et le couteau aussi bien que le lit en fer, le matelas de crin végétal et la couverture de laine. Agitée, difficile à soigner, elle passe une première nuit sous notre toit, puis elle déclare à sa mère, qui vient la voir le lendemain, qu'elle ne peut rester chez nous, et elle part. Huit jours s'écoulent. Le vieux père la ramène, me conjure à genoux et en me baisant les mains d'avoir pitié de son enfant, et me raconte qu'il a chassé sa femme pour avoir reconduit sa fille à la maison. Je fais des difficultés, je demande un gage, on le refuse, — et les malheureux reprennent le chemin de la patrie!

Au mois de septembre, trois autres malades vinrent demander la réception dans l'asile. L'un d'eux n'avait plus de nez, un second avait les mains couvertes de plaies ouvertes. Un seul d'entre eux est venu augmenter le cercle de famille de notre maison.

La maison neuve est achevée, mais elle ne contient pour le moment que quelques provisions. Pendant l'été nous y avons dormi, ou plutôt veillé alternativement, pour garder notre raisin. Nous en avons eu passablement, mais un tiers de la récolte sur laquelle nous comptions, a été, soit volé par nos lépreux, soit mangé par des frelons.

A la mi-août, Sachrah, notre fille arabe, nous a quittés pour se marier. Comme cela se fait souvent, les prêtres grecs avaient arrangé ce mariage qui sera peut-être pour la jeune femme une source de chagrins et de misères. Une autre fille, élevée à Talitha-Koumi et ayant déjà servi à l'hôpital, est entrée chez nous. Celle-ci ne manque pas de connaissances et de savoir-faire, mais son entêtement et son désir de gagner beaucoup, tout en travaillant le moins possible, nous ont déjà fait bien des soucis. Sœur S., toujours la bonne volonté en personne, continue à mettre à l'épreuve notre patience par son manque de capacités pour la direction du ménage. Ma pauvre femme quoique faible, se voit donc obligée de mettre elle-même la main à tout, même à la lessive, et manque absolument du repos qui lui serait si nécessaire.

Nous avons pris une part intime à la mort de la bienheureuse Mme Gobat. En la rappelant à lui, le Seigneur a répondu à son plus grand désir et c'est là ce qui a rendu la séparation plus facile à ses enfants et petits enfants qui auraient tant aimé la garder plus longtemps. — Quant à nous, nous sommes heureux de pouvoir encore servir le Seigneur, quoique bien imparfaitement.

Je souffre des yeux en ce moment, et je n'ose plus écrire le soir, ni lire ce qui est imprimé en petits caractères. Mes salutations fraternelles pour tous ceux qui s'intéressent plus particulièrement à notre œuvre. Veuille les prier de se souvenir dans leurs prières de nous et de toute leur maison. Qu'il plaise au

Seigneur, le bon Berger de son troupeau, de
ramener dans son bercail toutes ces brebis
pauvres, malades et égarées dont nous nous
occupons et de les sauver par le pouvoir de sa
grâce »! Et vous lecteurs de ces lignes, qui cé-
lébrez la fête de Noël dans la santé et dans la
paix, comparant votre bonheur au dénûment
de ces pauvres lépreux, ne rendrez-vous pas
grâce à Dieu? N'admirerez-vous pas sa bonté,
sa patience et sa grâce? Et après avoir accepté
pour vous-mêmes le don de Dieu, n'imiterez-
vous pas désormais l'humilité et le dévouement
du Seigneur, qui étant riche s'est fait pauvre
pour nous, afin que par sa pauvreté nous fus-
sions rendus riches? N'irez-vous pas aussi de
lieu en lieu, comme lui, faisant du bien à ceux
qui souffrent; et les pauvres lépreux de Jérusalem n'auront-ils pas aussi leur part des dons
de votre charité?

G. APPIA.

Paris. — Imp. Moderne (Wattier, dr), rue J.-J.-Rousseau, 61.